NOUVELLES EXPLICATIONS

POUR SERVIR DE SUPPLEMENT

AU COMMENTAIRE DE JACQUIN,

SUR

L'ORDONNANCE

de mil six cens quatre-vingt.

TITRE DES DROITS DE MARQUE

SUR LES FERS.

Janvier mil sept cent trente.

A PARIS,

Chez PIERRE PRAULT, Imprimeur des Fermes & Droits du Roy,
Quay de Gévres, au Paradis.

M. DCC. XXXVII.

NOUVELLES EXPLICATIONS

Pour servir de Supplément au Commentaire de Jacquin, sur l'Ordonnance de 1680. Titre des Droits de Marque sur les Fers.

Janvier mil sept cens trente.

LE Droit de Marque sur les Fers faisant partie du Domaine Sacré de la Couronne, il étoit juste qu'il trouvât une place dans ce grand Ouvrage ; mais comme il tire son origne de l'Edit de Février 1626, & du Reglement de 1628 , avant lesquels il se prenoit en nature sur le pied du Dixiéme net , il falloit un tems suffisant pour l'établir , & en assurer la Perception.

Pour suivre le dessein du Commentateur Jacquin , le seul qui ait travaillé sur cette Matiere ; on s'est proposé de rapporter dans ce Supplement le précis des Arrests & Reglemens rendus depuis 1680 , qui ont rapport à l'Ordonnance & aux Droits dont il ne pouvoit avoir connoissance au temps qu'il a composé son Ouvrage ,

A

la plûpart ayant été rendus posterieurement ,
parce que par iceux plusieurs des Articles qui la
composent ont été interpretés ; en sorte que ce
qui paroissoit douteux a été rendu clair & déci-
sif : ce qui fait dire, avec quelque raison , que
l'Ordonnance de 1680. n'étoit pas encore alors
une Loy complette , mais un guide nécessaire
pour arriver au but que le Legislateur s'étoit
proposé , & qu'il falloit attendre du Temps ,
comme du grand Ouvrier, pour rendre cet Ouvrage accompli.

Aussi voit-on que les Arrests & Reglemens in-
tervenus depuis 1680 , ont été ou contredits par
les Redevables , ou proposés par les Fermiers ,
sur les difficultés qui se sont rencontrées ; ce
qui fait encore dire , que s'ils étoient nécessaires
pour la Perception des Droits , ils ne le sont pas
moins pour le bien du Commerce.

DES CONFERENCES

DE L'ORDONNANCE

DE LOUIS XIV.

ROY DE FRANCE ET DE NAVARRE.

Sur le fait des Entrées, Aydes, & autres Droits
y joints, a été extrait ce qui suit :

TITRE

Des Droits de Marque sur le Fer, Acier & Mines de Fer

ARTICLE PREMIER.

NOS Droits sur le Fer, Acier & Mines de
Fer, seront levés à raison de Treize sols six
deniers pour Quintal de Fer ; Dix-huit sols
pour Quintal de Quincaillerie, grosse &
menuë ; Vingt sols pour Quintal d'Acier,
& de Trois sols quatre deniers pour Quintal de Mines

de Fer , à quoi Nous les avons fixés ; le tout sur le pied
de cent livres , poids de Marc pesant pour Quintal.

COMMENTAIRE.
de Jacquin.

NOUVELLES EXPLICATIONS.

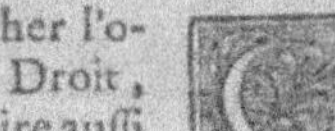

SANS chercher l'origine de ce Droit, qu'on peut dire aussi ancien que la Couronne , on se contentera de dire que c'étoit un Droit Domanial , consistant au dixiéme qui se devoit prendre sur tout ce qui se tiroit des Mines & Minieres du Royaume , dont Charles VI. ordonna par Lettres Patentes du 30. May 1413. la levée à son profit , comme à lui seul appartenant de plein droit en qualité de Roy , & non aux Seigneurs qui le prétendoient ; & sans rapporter aussi tout ce qui s'est fait à ce sujet par les Rois Successeurs de Charles VI. On dira seulement que Henry IV. par Edit du mois de Juin 1601. fit un Reglement general sur le fait desdites Mines & Minieres , & créa en même tems plusieurs Officiers , dont il augmenta le nombre par Arrest de son Conseil du 14. May 1604. qui servit d'augmentation au Reglement de 1601.

Cet Edit & cet Arrest rendus pour remedier aux abus & empêcher les inconveniens qui

ET Article paroissoit si claire, & la fixation des Droits si bien établie , qu'on n'eût jamais crû que le Droit d'Indemnité sur l'Acier pût souffrir la moindre atteinte ; c'est cependant ce qui est arrivé à l'égard de celui qui se fabrique dans la Province de Nivernois , où il ne s'est perçû qu'à raison de douze sols six deniers le Quintal ; fixation qui ne se trouve , & qui n'a esté autorisée par aucun Reglement , avant ni depuis la redaction de l'Ordonnance de 1680. En sorte que les Redevables n'ayant pour eux qu'un simple usage, il ne peut être opposé contre la Loy , moins encore quand cette même Loy s'explique , & décide formellement le contraire.

C'est aussi le sentiment de Jacquin , lorsqu'en traitant du Droit de Marque sur les Aciers qui se fabriquent dans le Nivernois ; & que pour détruire l'Arrest du 22. Decembre 1629. qui l'avoit moderé à dix sols le Quintal , il dit que ce Droit n'ayant point été augmenté comme il le devoit, en consequence de l'Arrest du Conseil du 26. Octobre 1675. il a esté retabli par l'Ordonnance

n'arrivóient que trop frequem-
ment par rupture des ouvrages, n'eurent pas tout le suc-
cès qu'on s'étoit proposé : &
ayant reconnu que l'usage du
Fer aigre en étoit seul la cause,
on ne trouva point d'autre
moyen pour y remedier, que
de rétablir l'usage du Fer doux,
& de ne permettre celui du Fer
aigre qu'aux Ouvrages, dont
la rupture ne pouvoit causer
aucun accident ; c'est pourquoi, suivant l'Avis de la
Chambre du Commerce, du
16. May 1608. il fut par Edit
du mois de Fevrier 1626. créé
des Experts & Controlleurs-
Visiteurs, pour connoître,
marquer & distinguer le Fer
doux d'avec le Fer aigre, &
ordonné par le huitiéme Article, que tout le Fer doux ou
aigre, venant des Pays Etrangers, seroit visité & marqué,
& que pour le Droit de ladite
Marque, le Quintal de Fer
doux payeroit dix sols, & le
Quintal de Fer aigre, douze
sols : & par le quatorziéme
Article, le Droit du Dixiéme

*de 1680, sur le pied de l'Edit de
1626. & son sentiment est d'autant moins sujet à être contredit,
que la fixation faite en 1626,
tenant lieu du Dixiéme, les Aciers
qui se fabriquent en Nivernois
& Pays de Donzy, ayant tou-
jours valu dix & quinze livres
le Quintal, les Redevables ont
été traités favorablement dans la
fixation du Droit à vingt sols.*

*C'est aussi ce motif qui sert de
principe & de fondement à la
Sentence du Juge de la Marque
des Fers à Angoulesme, rendue
contradictoirement le 14. Septembre 1729, entre le Fermier
& les Maîtres de Forges du Dé-
partement du Haut-Poitou, Province sujette aux Droits, par laquelle ces derniers ont esté déboutés
de l'opposition par eux formée à la
Contrainte contre eux décernée,
& condamnés à payer le Droit
de vingt sols par Quintal d'Acier
fabriqué dans leurs Acereries,
sans avoir égard à la déduction
par eux prétendue, à cause des
Droits de Marque qu'ils payent
sur la Fonte en Gueuse, avec laquelle lesdits Aciers sont faits.*

fut réduit & reglé à raison de
dix sols pour Quintal de Fer doux ou aigre, qui seroit pareillement marqué ; Et par le quinziéme, l'Acier, tant entrant
dans le Royaume, que celui qui s'y fabriqueroit, fut assujetti
à une Contre-marque & Marque, pour laquelle seroit payé
dix sols pour demi Quintal d'Acier, à cause du grand nombre
de billes qu'il y a dans un Quintal d'Acier.

En conséquence de cet Edit, il fut fait un Reglement au
Conseil le 18. Avril 1628. & par le huitiéme Article dudit

Reglement, le Fer mis en œuvre & apporté des Pays Etrangers, fut déclaré sujet audit Droit, tout ainsi que celui tiré des Forges du Royaume , & assujetti à être conduit & déchargé aux Bureaux, pour y être ledit Droit payé aux peines y portées. Il en fut fait encore un le 22. Decembre 1629. pour le Pays de Nivernois & Donzy, par lequel Article VII. le Droit de vingt sols pour Quintal d'Acier , fut réduit & moderé à dix sols, pour ce qui étoit de l'Acier dudit Pays seulement ; comme aussi un le 5. Janvier 1639. pour le Poitou & l'Angoumois, par lequel il fut ordonné que le Quintal de Gueuses payeroit 6. sols 8. deniers , qui sont les deux tiers du Droit du Quintal de Fer , suivant & conformément à l'Arrêt du Conseil du 16. May 1635. qui l'avoit ordonné sur les Gueuses, ainsi que sur les ouvrages de Fonte, & ce à raison des deux tiers que lesdites Gueuses pourroient produire de Fer appuré.

La Quincaillerie venant des Pays Etrangers ou des Provinces du Royaume où lesdits Droits ne se levent, étant un composé de Fer & d'Acier, fut declarée sujette ausdits Droits par Arrest du Conseil du 2. Janvier 1636. qui en ordonna la confiscation au profit du Fermier , ayant passé les Bureaux sans déclaration ni payement desdits Droits, & dont le Droit fut reglé à 13. sols 4. deniers le Quintal , faisant les deux tiers du Droit du Quintal d'Acier , par Arrest du Conseil du 6. Avril 1645. confirmé par autre du 20. Aoust 1659. en forme de Reglement.

On a crû devoir rapporter tous ces Titres servans à l'établissement desdits Droits, sur lesquels les Articles 110. de Rouvelin, 187. de Legendre, & 108. de Dufrenoy sont fondés & desquels cet Article est tiré. On y a ajoûté la Mine de Fer ; la matiere n'étant pas moins sujette aux Droits que l'ouvrage qui en est fait , sauf l'évaluation que l'on a fixé au quart ; & on a pareillement ajoûté Poids de Marc , pour le distinguer du Poids de Forge , qui est beaucoup plus fort.

Il faut remarquer que dans la fixation portée par cet Article pour Quintal de Fer , de Quincaillerie & de Mines de Fer , le Droit d'augmentation auquel l'ancien Droit avoit été assujetti, suivant les Articles des Baux ci dessus rapportés , & suivant l'Arrest du Conseil du 26. Octobre 1675. rendu uniquement à ce sujet , y est bien compris ; mais à l'égard des vingt sols pour Quintal d'Acier , il n'y a point d'augmentation à la fixation qui en fut faite par l'Edit de 1626. Toute la raison qu'on en peut apporter, est de dire, que comme ce Droit qui avoit été réduit à 10. sols dans le Pays de Nivernois & Donzy, ainsi qu'on vient de le rapporter, a été rétabli sur le pied de l'Edit de 1626. on a jugé à propos de le décharger de l'augmentation.

ARTICLE II.

Il sera au choix du Fermier de nos Droits, de s'en faire payer par Quintal de Fer, suivant l'Article précedent, ou par Quintal de Gueuses ; lesquels Droits pour Quintal de Gueuses, Nous avons fixés à huit sols neuf deniers.

Le choix porté par cet Article, est tiré des Articles des Baux rapportés sur le précedent ; & la fixation des Droits pour Quintal de Gueuses à 8. sols 9 deniers, y compris l'augmentation, est tiré des Arrests du Conseil des 16. May 1635. & 5. Janvier 1639. bien entendu que le Fer Fabriqué & appuré provenant des Gueuses qui auront payé ledit Droit, demeurera déchargé du payement des 13. sols 6. deniers pour Quintal de Fer, suivant la disposition dudit Arrest du Conseil du 5. Janvier 1639.

Quoique l'option accordée au Fermier par cet Article, & la fixation du Droit à huit sols neuf deniers le Quintal, n'ait dû s'étendre, & avoir son application que sur la Fonte en Gueuse, qui se coule dans les Provinces ou le Droit de Marque a cours, il s'étoit néanmoins établi un usage très-préjudiciable à la Perception du Droit sur les Fontes Marchandes venant des Pays Etrangers, ou Provinces non sujettes en ce qu'il n'étoit perçû qu'à raison de huit sols neuf deniers le Quintal comme Gueuse ; mais le Fermier en ayant reconnu l'abus, & l'ayant fait recevoir

sur le pied de 13. sols 6. deniers, fixé par l'Article 1. il se forma à ce sujet plusieurs contestations qui furent portées au Conseil de la part des Marchands, & par Arrest contradictoire du 16. Septembre 1727. la Perception en a esté ordonnée sur le pied de 13. sols 6. deniers par Quintal, comme Fer parfait ; & cette décision est d'autant plus juste que ces Fontes n'étant plus sujettes à aucun déchet, la réduction du Droit de 13. sols 6. deniers à 8. sols 9. deniers, ne pouvoit avoir lieu sur des Fers de cette espece.

ARTICLE III.

Enjoignons aux Maiſtres des Forges, de couler les Gueuſes en des Moules numerotés, en ſorte qu'elles ſoient marquées, un, deux, trois, & ainſi conſécutivement, juſqu'à la fin d'un même ouvrage, tant que le premier feu durera, pour être enſuite par eux peſées; deſquels nombres & poids ils tiendront un fidele Regiſtre, qu'ils repreſenteront aux Commis, lorſqu'ils feront leurs Viſites, le tout à peine de confiſcation, & de cent livres d'amende.

Les précautions priſes au commencement de cet Article, ſont pour empêcher les fraudes, & l'obligation de peſer les Gueuſes avant que d'être miſes en œuvre, eſt ſuivant l'Arreſt du Conſeil du 5. Janvier 1639. qui portoit, outre la confiſcation, quinze cens livres d'amende, & punition exemplaire; & pour cet eſtet les Maîtres des Forges étoient tenus d'avoir en leurs Forges & Magaſins, une Romaine pour les peſer, ſinon, elles étoient réputées être de trois milliers chacune. L'Article 113. de Rouvelin, portoit la même obligation, ce qui a paru trop violent. Les Articles 291. de Legendre, & 112. de Dufrenoy n'en parloient point. Ce n'étoit pas aſſez; & il eſt à croire que cet Article n'a eſté dreſſé que ſur les Memoires donnés par

Les precautions priſes par cet Article, ſembloient être ſuffiſantes pour aſſurer la Perception des Droits ſur les Fontes en Gueuſe; mais quelques Maîtres de Forges, pour fatiguer le Fermier, ayant réfuſé à ſes Commis les hommes, Romaines & autres Outils néceſſaires pour faire la verification ſur le poids des Fontes, d'autres ayant prétendu que leurs Regiſtres ne devoient pas être paraphés par le Juge de la Marque, & d'autres enfin, que les Procès verbaux des Commis étoient nuls, s'ils n'étoient affirmés devant le Juge à qui la connoiſſance des Droits en appartient, ce qui ayant occaſionné diverſes conteſtations entre le Fermier & les Redevables, elles ont été portées au Conſeil, où il eſt intervenu Arrêt le 12. Juillet 1716. par lequel Sa Majeſté, en ordonnant l'execution des Articles III. & VII. de l'Ordonnance.

les

les intereſſés en ſadite Ferme, à qui l'experience & l'uſage en ont fait connoître, non-ſeulement l'utilité, mais encore la néceſſité. On a même par cet Article retranché un des deux Regiſtres, que les Maîtres des Forges étoient obligés d'avoir, ſuivant l'Article V. du Reglement de 1629. & on ne les oblige qu'à un, pour y enregiſtrer ſeulement le nombre & le poids des Gueuſes, afin que les Commis puiſſent plus facilement en faire la verification.

Enjoint à tous Maîtres de Forges & Fourneaux de fournir aux Commis du Fermier les Romaines, & autres outils, & les hommes néceſſaires pour faire la verification & le poids des Gueuſes, comme auſſi de tenir bon & fidele Regiſtre, cotté & paraphé par le Juge de la Marque: & ordonne que les Procés verbaux des Commis ſeront affirmés en cas d'éloignement de la Juriſdiction de plus de trois lieuës, pardevant le Juge Royal, de la ſituation de la Forge.

ARTICLE IV.

Leur défendons de marquer d'un même nombre deux ou pluſieurs Gueuſes d'un même feu & ouvrage, à peine de confiſcation des Gueuſes qui ſe trouveront marquées du même nombre que celles qui auront eſté repreſentées aux Commis, & de cent livres d'amende

Cet Article eſt une ſuite du précedent ; & les défenſes y portées, ſont pour aſſurer le Fermier de ſes Droits, & empêcher qu'il n'en ſoit fruſtré par la confuſion & embarras, que ce même nombre pourroit cauſer.

ARTICLE V.

Seront tenus les Maiſtres des Forges, à chacun des Ouvrages du Fourneau, & au changement de feu, de recommencer à numeroter & marquer les Gueuſes par premier, deux, trois, & ainſi conſécutivement juſques à un nouveau feu, & de les mettre dans un lieu séparé de celles qui resteront du feu précedent , à peine de confiscation , & de cent livres d'amende.

Le commencement de cet Article , qu'on peut appeller un composé des deux précedens , est fondé sur les raisons alleguées sur le troisiéme : & la fin pour ce qui regarde le lieu séparé , est pour empêcher de tomber dans le cas des défenses, & d'encourir les peines portées par le quatriéme.

ARTICLE VI.

Ne pourront les Maistres des Forges mettre ou remettre le Fourneau en feu , sans en avertir par écrit les Commis , du jour & de l'heure , à peine de confiscation des Gueuses qui en seront provenuës jusqu'au jour de l'avertissement , & de trois cens livres d'amende.

Cet Article est conforme à l'Arrest du Conseil du 5. Janvier 1639. lorsqu'en faveur des Maistres des Forges des Provinces du Poitou & d'Angoumois , on ordonna que les Droits seroient pris sur les Gueuses ; à la charge que le Fermier seroit averti du jour du Feu, & qu'elles seroient pesées & marquées au lieu que les Marques se doivent faire sur le Fer. On a ajoûté que l'avertissement seroit par écrit, & que non-seulement le jour y seroit marqué, mais aussi l'heure, afin qu'il n'y eût aucune surprise ni abus, & que de part & d'autre on fût certain du fait , l'un d'avoir averti, pour éviter les peines portées par cet Arti-

Quelques Maîtres de Forges , Entrepreneurs de Fer coulé pour le service de Sa Majesté , ayant prétendu qu'ils devoient être exceptés des formalités prescrites par cet Article , de même que du payement des Droits, fondés sur ce que par leurs Traités , il estoit dit qu'ils seroient exempts des Droits des Fermes du Roy, à l'effet de quoi il leur estoit delivré des Passeports ; le Fermier de son côté ayant prétendu le contraire , & les contestations ayant esté portées au Conseil, est intervenu Arrêt le 12. May 1716. par lequel Sa Majesté a enjoint aux Maîtres de Forges, avant de mettre le feu à leur Fourneau , d'en faire declaration au Bureau de la Marque des Fers, & d'en payer

cle, & l'autre de l'avoir esté,   *les Droits, encore que la Fonte*
pour ne point former de con-   *soit destinée pour son service &*
testation mal-à-propos.   *celui de ses Armées, & declare*
qu'il ne seroit à l'avenir delivré
aucuns Passeports pour l'exemption dudit Droit.

Une decision aussi précise & aussi claire ne laisse aucun doute sur la certitude du Droit, & fait assez connoître que personne de quelque estat & condition qu'elles soient, ne peuvent en être exemptes.

ARTICLE VII.

Les Commis verifieront le nombre & le poids des Gueules, dont ils feront mention sur leurs Livres; & en cas de fraude, ils dresseront leurs Procès verbaux, feront les Poursuites, Visites, Exercices & Inventaires, décerneront & feront executer les Contraintes, le tout ainsi que pour nos Droits d'Aydes de détail sur le Vin.

Cet Article est en conséquence du troisiéme, qui oblige les Maîtres des Forges à la representation de leur Registre, lors de la Visite & Exercice des Commis; car en vain cette representation eût-elle été ordonnée, si ce n'eût été pour en faire la verification; c'est pourquoi on a dit, verifieront, & non compteront.

Le surplus de cet Article est conforme aux Articles 113. de Rouvelin, 291. de Legendre, & 112. de Dufresnoy, & la Contrainte par corps y est ordonnée, sans avoir eu d'égard à l'Arrest de la Cour des Aydes, pour l'enregistrement du Bail de Rouvelin, qui portoit que les Redevables desdits Droits, ne pourroient être contraints par corps au payement d'iceux.

ARTICLE VIII.

Les Proprietaires des Forges & Fourneaux, demeureront responsables solidairement avec les Maîtres des Forges, de ce qui sera dû de nos Droits, pour les derniers trois mois précedens; le jour que les Maîtres des Forges les auront abandonnées, sauf au Fermier

de nos Droits qui aura négligé de s'en faire payer ;
à se pourvoir pour le surplus , contre les Maistres des
Forges seulement.

Les Articles 114. de Rouvelin, 292. de Legendre, & 113.
de Dufresnoy l'avoient ainsi ordonné;& ce, pour obliger lesdits
Propriétaires à ne pas donner leurs Forges & Fourneaux à des
gens de néant ; mais bien à gens solvables , ou bien cautionnés;
& on ne les rend responsables que pour les derniers trois mois,
pour obliger le Fermier à se faire payer plus régulierement.

ARTICLE IX.

Ceux qui ont des Mines de Fer dans leurs Fonds ,
seront tenus à la premiere sommation qui leur sera
faite par les Propriétaires des Fourneaux voisins, d'y
établir des Fourneaux pour convertir la matiere en Fer,
sinon , permettons au Propriétaire du plus prochain
Fourneau , & à son refus , aux autres Propriétaires des
Fourneaux de proche en proche , & à ceux qui les
font valoir , de faire ouvrir la terre , & d'en tirer la
Mine de Fer , en payant aux Propriétaires des Fonds ,
pour tout dédommagement , un sol pour chaçun
Tonneau de Mine de cinq cens pesant.

Par l'Ordonnance de Charles VI il étoit permis à tous Mi-
neurs & autres , de querir , ouvrer & chercher Mines par tous
les lieux où ils penseroient en trouver ; & sans remonter si haut
lors de la conversion dudit Droit par l'Article premier de l'Edit
de 1626. il est dit que les Mines seront ouvertes & mises en état
de servir , & que les Propriétaires ou Fermiers des Terres où
les Mines se trouveront , seront tenus de les ouvrir ou permettre d'en être faire l'ouverture après la premiere réquisition ; &
par Arrest du Conseil du 20. Juin 1631. il est permis aux Maîtres des Forges du Royaume de tirer Mines & Castines en tous
les lieux & endroits ou ils en trouveroient pour leur commodité,

en dédommageant les Proprietaires du deſſus de leurs Terres ſeulement, ſuivant l'eſtimation, & par cet Article on a reglé ledit dédommagement; ce qu'on a ainſi ordonné eſt pour en procurer l'abondance dans le Royaume.

ARTICLE X.

Seront levés pareils Droits ſur le Fer, Fonte & Acier, qui ſeront tranſportés des Pays Etrangers, ou de nos Provinces dans leſquelles les Droits ne ſeront point établis, & qui entreront dans celles qui y ſont ſujettes.

Cet Article eſt tiré des Articles VIII. XIV. & XV. de l'Edit de 1626. VIII. du Reglement de 1628. & de l'Arreſt du Conſeil du 20. Aoûſt 1659. & conſéquemment des Articles 111. de Rouvelin, 188. de Legendre, & 109. de Dufreſnoy. Cette diſpoſition eſt d'autant plus juſte qu'elle facilite le débit des Fers, Fontes & Aciers, qui ſe fabriquent dans le Royaume, outre qu'elle eſt de Droit, puiſqu'il n'y entre aucunes Marchandiſes ſans la volonté du Prince, ainſi que dans les autres Royaumes, & qu'aux conditions qu'il preſcrit.

L'Edit de Fevrier 1626. non plus que le Reglement du mois d'Avril 1628. n'avoient admis aucuns Privileges ni exemptions des Droits de Marque, ſoit de ceux qui ſe fabriquent dans les differentes Provinces du Royaume, ſoit de ceux qui y entrent, venant des Pays Etrangers, & au contraire, tous ſans diſtinction y eſtoient ſujets; mais les Provinces du Languedoc & de Normandie, en ayant obtenu la décharge par Lettres Patentes des mois de Decembre 1659. & 1660. (les ſeules qui ſoient fondées en Titre) il étoit juſte que l'Ordonnance les reconnût, & qu'en les reſtraignans dans leur veritable borne, c'eſt à-dire, à l'exemption

des Droits ſur ceux de leur fabrique, deſtinés pour leur uſage & conſommation particuliere, ceux qui y entreroient venant des Pays Etrangers, fuſſent aſſujettis au payement du Droit.

C'a eſté ſur ce principe tiré de ces Reglemens, comme d'une ſource inalterée, que cet Article a ordonné la levée & perception du Droit sur les Marchandises de Fer, entrant dans les Provinces redimées, ou affranchies, venant des Pays Etrangers, & sur celles qui en sortent, destinées pour les Pays Etrangers, ou Provinces du Royaume où le Droit a cours : ce qui estoit absolument nécessaire, sans quoi le Roy eût esté privé du Droit d'indemnité qui lui est dû sur les Fers, Fontes & Aciers qui entrent dans le Royaume, ou qui en sortent par ces Provinces, ce qui auroit esté entierement contraire à l'Edit de Fevrier 1626 au Reglement de 1628. à deux Arrests du 11. Octobre 1688. rendus pour la Normandie & le Languedoc, Provinces non sujettes, & à deux autres Arrêts du Conseil des 15. Novembre 1707. 9. Janvier 1711. & Lettres Patentes du 14. Septembre 1724. rendus pour le Dauphiné, par lesquels le Roy en interpretant cet Article, a ordonné la levée des Droits de Marque, non-seulement sur les Fers, Aciers, Quincaillerie & Mines de Fer, qui entreront dans ces Provinces, venant des Pays Etrangers, quoiqu'exempts des Droits ; mais encore sur ceux qui en sortent pour aller dans les Pays Etrangers ou autres Provinces du Royaume, soit que les Droits y ayent, ou n'y ayent pas cours.

ARTICLE XI.

Défendons à tous Marchands, tant Etrangers qu'autres, qui ameneront du Fer doux ou aigre, Fonte & Acier, ouvré & non ouvré, des Pays Etrangers, ou de nos Provinces non sujettes à nos Droits, en celles où ils ont cours, de passer outre les premiers Bureaux, sans declarer & sans y payer nos Droits, à peine de confiscation, & de cinq cens livres d'amende.

Ces défenses sont tirées de l'Article VIII. dudit Edit, VIII. dudit Reglement, & des Arrests du Conseil du 2. Janvier 1636. qui en avoit ordonné la confiscation du 6. Avril 1645. 17. Juillet & 20. Aoust 1639. comme aussi des Articles 12. de Rouve-

Cet Article tiré du huitième Article du Reglement de 1628. n'a rien d'équivoque, parce que le Titre dont il tire son origine, a tousjours conservé sa force & son autorité. & comme par icelui il estoit expressément dit, que les Fers apportés en France, seroient sujets au payement du Droit, & les pro-

lin, 290. de Legendre, & 111. de Dufresnoy. Les amendes estoient considerables; on les a réduites à cinq cens livres, conformement à l'Edit.

hibitions à l'égard des Fers Etrangers, entrant dans le Royaume, formant une difference certaine, saboluë & nécessaire, il falloit aussi statuer sur ceux sortant des Provinces non sujettes aux Droits

en entrant dans celles où le Droit a lieu.

C'est sur ce fondement que les Lettres Patentes du 24. Septembre 1724. ont esté renduës pour le Dauphiné, où le Droit avoit esté négligé jusqu'au temps de l'Arrest du 15. Novembre 1707. qui en a ordonné la Perception sur ceux venans de l'Etranger; & à celui du 9. Janvier 1712. qui l'a pareillement ordonné sur ceux qui en sortent.

ARTICLE XII.

Déclarons sujette à nos Droits, la Quincaillerie grosse & menuë, même celle passant sous le titre de Mercerie, qui sera amenée des Pays Etrangers en l'étenduë de la Ferme: Défendons de passer les Bureaux sans declaration & acquit, sur les peines contenuës en l'Article précedent.

On dit grosse & menuë, pour ôter tout sujet de contestation; on a même ajoûté celle, passant sous le Titre de Mercerie, qui a esté ainsi qualifiée à l'égard des Droits des cinq Grosses Fermes, dont la sujetion ne la dispense pas de ceux du present Titre.

La Redaction de cet Article fait connoitre l'ancienneté & l'origine du Droit de Marque: mais comme l'Edit de 1626. & le Reglement de 1628. n'avoient pas prevû le prejudice que causeroit l'introduction des Quincailleries en France, le Conseil qui veille sans cesse à la conservation des Droits du Roy en general, & en

particulier sur ceux de la Couronne, dont celui-ci fait partie, y a pourvû par ses Arrêts des 2. Janvier 1636. 6. Avril 1645. & 10. Aoust 1659. & par cet Article, en déclarant la Quincaillerie amenée des Pays Etrangers dans l'étenduë de la Ferme sujette aux Droits: mais comme cet Article sembloit excepter les Quincailleries entrant

*par d'autres Départemens, que ceux où le Droit avoit lieu, le Roy
en interprétant cet Article, & en y ajoûtant, par ses Lettres Patentes
du 24. Septembre 1724. les a déclaré sujettes aux Droits, en entrant
dans son Royaume par le Dauphiné, Pays exempt des Droits, par la
raison que s'il n'y entroit point de ces Marchandises, la consomma-
tion des matieres avec lesquelles elles sont composées, qui se trouvent
abondamment dans son Royaume, en seroit plus considerable, &
pour empêcher en même temps la fraude qui pourroit se commettre
sur celles qui s'y fabriquent, à la faveur de celles qui y entrent pour
penetrer dans l'interieur des autres Provinces, elles ont esté déclarées
indistinctement sujettes au payement du Droit en entrant ou en sortant: à l'effet de quoi le Conseil a dérogé à la seconde partie de l'Article XIII. qui les en avoit exemptées.*

ARTICLE. XIII.

Défendons d'exiger aucuns Droits sur la grosse &
menuë Quincaillerie, qui est faite dans l'étenduë de la
Ferme, & sur celle venant des Provinces où nos Droits
n'ont point cours, à peine de concussion.

Cet Article a deux Parties. La premiere regarde la Quincaillerie faite dans l'étenduë de la Ferme, qui est déclarée
exempte desdits Droits, parce que le Fer & l'Acier dont elle
est composée, ont dû & sont réputés les avoir payés. La seconde regarde celle qui vient des Provinces où les Droits n'ont
point cours, que l'on a pareillement déclarée exempte desdits
Droits, quoique par l'Arrest du Conseil du 20. Aoust 1652.
elle y fût assujettie, parce qu'on a reconnu que le Fer & l'A-
cier dont elle étoit composée venoient, ou des Forges du Royaume, ou des Pays Etrangers; & qu'en l'un & l'autre cas les
Droits en avoient été ou dû être payés.

Dans l'Article précedent on a statué sur la Quincaillerie venant des Pays Etrangers seulement; & par celui-ci on a jugé
à propos de statuer sur celle faite dans le dedans du Royaume,
afin d'empêcher que les Droits ne fussent levés deux fois; c'est
pourquoi on a mis, à peine de concussion.

ARTICLE

ARTICLE XIV.

Déclarons sujettes à nos Droits, les Mines de Fer qui seront transportées dans les Pays Etrangers, ou dans nos Provinces sujettes à nos Droits ; Défendons aux Marchands & Voituriers , de passer les premiers Bureaux de leur route , sans en faire déclaration , & sans y payer nos Droits , à peine de confiscation , & de cinq cens livres d'amende.

Comme on pourroit transporter des Mines de Fer pour les travailler & mettre en œuvre hors le Royaume, ou dans les Provinces non sujettes aux Droits, on les y a déclarées sujettes , suivant la fixation portée par l'Article premier de ce Titre , non-seulement parce que la matiere n'est pas moins sujette aux Droits , comme on l'a dit ci-devant, que l'ouvrage qui en est fait ; mais aussi parce que ces Droits sont subrogés à celui du Dixiéme qui se prenoit sur lesdites Mines ; & la disposition de cet Article se trouve dans les Articles 289. de Legendre , & 110. de Dufresnoy.

Cet article estoit absolument necessaire pour assurer au Roy l'indemnité qui lui est dûë sur les Mines qui s'enlevent dedans le Royaume , pour être transportées dans les Pays Etrangers , ou Provinces non sujettes, à quoi l'Edit de Pevrier 1626. ni le Reglement de 1628. n'avoient pas pourvû , ce qui décide clairement que le Droit est dû sur les Fers , Aciers , & Quincailles qui sortent d'une Province où le Droit n'a pas lieu , par la raison qu'il n'y a point de difference par rapport à la nature du Droit , entre la Mine & l'ouvrage qui en est fait ; mais comme la fixation portée en l'Article premier avoit reglé le Droit à 3. sols 4. deniers par Quintal , sans

avoir expliqué si ce seroit comme elle se tire des Minieres , ou après qu'elle seroit purgée des terres qui y sont adherantes , & s'étant élevé quelques contestations sur ce sujet entre le Fermier & les Redevables , lesquelles ayant esté portées au Conseil , est intervenu Arrest le 6. Septembre 1727. qui en expliquant l'Article premier sur ce Chef , a ordonné que le Droit de trois sols quatre deniers , ne sera levé que sur les Mines lavées & preparées, en cas de sortie, sans être lavées ou preparées, qu'il sera perçû suivant l'estimation de gré à gré, ou à dire d'Experts; ce qui ayant esté fait, le Droit a esté liquidé d'un sol huit deniers le Quintal de Mine brute & terrée, & c'est sur ce pied qu'il se perçoit actuellement.

ARTICLE XV.

Seront sujets au payement de nos Droits, les Fermiers de notre Domaine, & les Proprietaires des Forges, de quelque qualité qu'ils soient, même les Ecclesiastiques, pour celles qui sont du temporel de leurs Benefices, encore qu'ils les fassent valoir par les mains de leurs Domestiques.

Ces Droits faisant partie des Droits du Domaine sacré de la Couronne, tous indistinctement y ont été & sont assujettis, sans aucune exception ni privilege. Les Boulets de Canon, Bombes & Grenades, quoique pour le service de Sa Majesté, y ont été déclarés sujets par Arrest du Conseil du 11. Janvier 1648. & les Religieux, Abbé & Convent de Clervaux, ont été condamnés au payement desdits Droits, par Arrest rendu contradictoirement au Parlement de Paris, le 7. Septembre 1654. & cet Article est conforme aux Articles 116. de Rouvelin, 248. de Legendre, & 115. de Dufresnoy.